Beso Kiss

Para los más pequeños

For the youngest ones

Originally published in Spanish by Ediciones El Naranjo as *Beso*

Translated by Natalia Remis

Text copyright © 2014 by Martha Riva Palacio Obón
Illustrations copyright © 2014 by Iratxe López de Munáin
Translation copyright © 2017 by Scholastic Inc.

ISBN 978-1-338-13897-9

10 9 8 7 6 5 4 3 2   17 18 19 20 21

Printed in the U.S.A.   40
First Scholastic Bilingual printing 2017

Beso Kiss

Martha Riva Palacio Obón

Iratxe López de Munáin

SCHOLASTIC INC.

Relincho.
Alfombra-pasto de media luna:
mi papá es un caballo con alas.

Neeeeigh!
My papa is a winged horse
on a half-moon mat of grass.

En sus hombros vuelo y rozo el techo.

On his shoulders I soar and touch the ceiling.

Nos persigue una estampida de jinetes invisibles.

¡No nos alcanzan!

We are chased by a stampede of invisible riders.

They can't capture us!

Llegamos a la sala en dos segundos.
El sillón rojo es nuestro establo.
Estamos a salvo.

We reach the living room in two seconds.
The red armchair is our stable.
We are safe.

Lluvia en blanco y amarillo.
Sobre el vidrio empañado,
titilan mil constelaciones de agua dorada.

It rains in white and yellow.
Thousands of constellations of golden water
twinkle through the foggy window.

Atrás, zumba la calle y aúllan los perros.

Behind it, the street buzzes and the dogs howl.

De gota en gota mi papá y yo
pintamos una carretera.

My papa and I draw a path
from drop to drop.

Cuando me acueste,
él me contará un cuento
y seguiremos el viaje.

When I go to sleep,
he'll tell me a story,
and we'll continue our journey.

Debajo de mi cama,
viven tres conejos de polvo.
No sé cómo llegaron ahí.

Three dust bunnies live
under my bed.
I wonder how they got there!

Les puse una zanahoria y no la quisieron.

Les puse lechuga y les dio comezón.

El apio les da cosquillas,

y el azúcar los pone de mal humor.

I gave them a carrot; they didn't want it.

I gave them lettuce; it made them itchy.

Celery tickles them; sugar makes them grouchy.

—Prueba con un sueño —dijo mi papá.
Dibujé uno pequeño.
(No quería que se desperdiciara).

"Give them a dream," said my papa.
I drew a small one.
(I didn't want to waste it.)

¡No dejaron ni los buenos días!

They didn't even say hello!

Noche azul morada:
los relámpagos se escapan de su caja.
Uno me sonríe por la ventana.

Purple-blue night:
Lightning jumps out of its box.
It grins behind the window.

En el clóset,

un monstruo juega con mis zapatos.

Tlac-tlac-tlac, taconea.

Sus cuernos están cubiertos de plumas.

In the closet,

a monster plays with my shoes.

Clac-clac-clac—*tap the heels.*

Its horns are covered in feathers.

¡No me importa!

Mi papá es un gigante de diez metros
y cuando me abraza
hasta las pesadillas huyen asustadas.

I don't care!

My papa is a giant, thirty feet tall —
and when he hugs me,
even scary dreams run away.

Buenas noches, papá,
¿verdad que tú también sueñas
con caballos, conejos y gigantes?

Good night, papa.
Do you dream about
horses, bunnies, and giants too?

Ya se acabó este libro
y ya no hay monstruos,
relámpagos,
ni malos sueños...

Our story has reached its end,
and there are no monsters,
no lightning,
no scary dreams...

¡Espera!
No te vayas, papá.
Todavía no.
Es que olvidé darte algo.
¿Qué?

Wait!
Don't go, papa!
Not yet.
I forgot to give
you something.
What is it?

¡Un beso!
A kiss!

¡Aprende palabras en varios idiomas para antes de dormir!

Learn bedtime words in different languages!

Español	Leer
Inglés	Read
Francés	Lire
Portugués	Ler
Italiano	Leggi

Español	Papá
Inglés	Papa
Francés	Papa
Portugués	Pai
Italiano	Papà

Español	Soñar
Inglés	Dream
Francés	Rêver
Portugués	Sonho
Italiano	Sognare

Español	Amor
Inglés	Love
Francés	Amour
Portugués	Amor
Italiano	Amore

Español	Buenas noches
Inglés	Good night
Francés	Bonne nuit
Portugués	Boa noite
Italiano	Buona notte

Español	Beso
Inglés	Kiss
Francés	Baiser
Portugués	Beijo
Italiano	Bacio

Sobre la autora y la ilustradora
About the author and the illustrator

Martha Riva Palacio Obón

Cazadora profesional de cuentos, atrapa-palabras de vocación. Además de *Beso/Kiss*, ha publicado los poemarios *Haikú: Todo cabe en un poema si lo sabes acomodar* y *Pequeño elefante transneptuniano*.

Professional story-hunter; word-catcher by trade. In addition to *Beso/Kiss*, she has published two poetry collections: *Haiku: Todo cabe en un poema si lo sabes acomodar* and *Pequeño elefante transneptuniano*.

Iratxe López de Munáin

Dibujante de historias cortas y largas, cotidianas o extraordinarias. Cree firmemente que con un lápiz se puede viajar a mundos increíbles, de esos que te sorprenden y acarician como un beso.

Illustrator of stories long and short, commonplace and extraordinary. She strongly believes that with a pencil you can visit amazing worlds, some of which are as surprising and comforting as a kiss.